LES PRÉVISIONS MÉTÉO

LA GLACE

Un livre de la collection Les racines de Crabtree

DOUGLAS BENDER

CRABTREE
Publishing Company
www.crabtreebooks.com

Soutien de l'école à la maison pour les parents, les gardiens et les enseignants

Ce livre aide les enfants à se développer grâce à la pratique de la lecture. Voici quelques exemples de questions pour aider le lecteur ou la lectrice à développer ses capacités de compréhension. Les suggestions de réponses sont indiquées en rouge.

Avant la lecture

- De quoi ce livre parle-t-il?
    - *Je pense que ce livre parle de la glace.*
    - *Je pense que ce livre explique à quoi ressemble la glace.*

- Qu'est-ce que je veux apprendre sur ce sujet?
    - *Je veux apprendre d'où vient la glace.*
    - *Je veux apprendre de quoi est faite la glace.*

Pendant la lecture

- Je me demande pourquoi...
    - *Je me demande pourquoi la grêle peut être petite ou grosse.*
    - *Je me demande pourquoi l'eau se transforme en glace.*

- Qu'est-ce que j'ai appris jusqu'à présent?
    - *J'ai appris que l'eau peut se transformer en gadoue.*
    - *J'ai appris que la glace peut se former sur le sol et dans les nuages.*

Après la lecture

- Nomme quelques détails que tu as retenus.
    - *J'ai appris que la température doit être froide pour que l'eau se transforme en glace.*
    - *J'ai appris que la glace peut se former sur le sol, dans l'air et dans les nuages.*

- Lis le livre à nouveau et cherche les mots de vocabulaire.
    - *Je vois le mot* ***grêle*** *à la page 6 et le mot* ***gelée*** *à la page 13. Les autres mots de vocabulaire se trouvent à la page 14.*

Brr! C'est **glacé** dehors!

La glace se forme dans l’eau.

La glace peut aussi se former dans les **nuages**.

De la **grêle** tombe.

La grêle peut être grosse ou petite.

L'eau peut aussi se transformer en **gadoue**.

L'air et l'eau peuvent former de la **gelée**!

Liste de mots

Mots courants

aussi
dans
de
dehors
en
est
et
former
grosse
ou
petite
peut
se

La boîte à mots

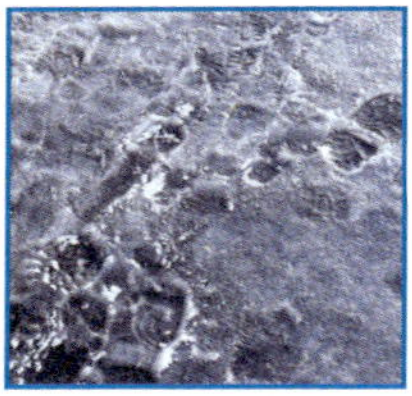

gadoue

gelée

glace

glacé

grêle

nuages

45 mots

Brr! C'est **glacé** dehors!

La **glace** se forme dans l'eau.

La glace peut aussi se
former dans les **nuages**.

De la **grêle** tombe.

La grêle peut être petite ou
grosse.

L'eau peut aussi se
transformer en **gadoue**.

L'air et l'eau peuvent former
de la **gelée**!

LES PRÉVISIONS MÉTÉO

LA GLACE

CRABTREE Publishing Company

Auteur : Douglas Bender
Conception : Rhea Wallace
Développement de la série : James Earley
Correctrice : Janine Deschenes
Conseils pédagogiques : Marie Lemke M.Ed.
Traduction : Annie Evearts
Coordinatrice à l'impression : Katherine Berti

Références photographiques :
Shutterstock : Jaromir Chalabala : couverture; Plus69 : p. 1; Yekatseryna Netuk : p. 3, 14; Jake Hukee : p. 4; Ondra Vacek : p. 5, 14; Ikebana Art-studio : p. 6-7, 14; hayim.bevzv : p. 9a; roseberry3; 9b; Evannovostro : p. 11, 14; Kimson : p. 12, 14

Crabtree Publishing Company
www.crabtreebooks.com 1-800-387-7650

Publié aux États-Unis
Crabtree Publishing
347 Fifth Avenue
Suite 1402-145
New York, NY, 10016

Publié au Canada
Crabtree Publishing
616 Welland Ave.
St. Catharines, Ontario
L2M 5V6

Imprimé au Canada/062021/CPC

Catalogage avant publication de Bibliothèque et Archives Canada
Titre: La glace / Douglas Bender ; texte français d'Annie Evearts.
Autres titres: Ice. Français.
Noms: Bender, Douglas, auteur.
Description: Mention de collection: Les prévisions météo | Les racines de Crabtree | Traduction de : Ice. | Comprend un index.
Identifiants: Canadiana (livre imprimé) 2021026957X | Canadiana (livre numérique) 20210269588 | ISBN 9781039606739 (couverture souple) | ISBN 9781039606791 (HTML) | ISBN 9781039606852 (EPUB) | ISBN 9781039606913 (livre numérique avec narration)
Vedettes-matière: RVM: Glace—Ouvrages pour la jeunesse. | RVM: Temps (Météorologie)—Ouvrages pour la jeunesse. | RVMGF: Documents pour la jeunesse.
Classification: LCC QC926.37 .B4614 2022 | CDD j551.31—dc23